Te encuentras atrapado en el círculo repetitivo de la inestabilidad económica y la incertidumbre.....

ESTE LIBRO ES PARA TI

ÍNDICE

AGRADECIMIENTOS

"A Dónde Vamos a Parar" ha sido un proyecto muy especial para mí y para todas las personas que han colaborado en él. Estoy muy agradecida, en especial a mi eterno amigo y mentor Jorge Kalmar por siempre haber creído y apoyado todas mis ideas y locuras. A mi consejero de negocios y amigo del alma JS Parker por siempre apoyar cada una de mis aventuras empresariales y siempre tener un buen consejo para mí. Sin ustedes dos mis ideas no serían tan exitosamente desarrolladas como hasta ahora. También un agradecimiento especial a Don Swanson, el cual me aluzó con sus ideas y experiencia para desarrollar parte de este libro.

Mil gracias a los seguidores de mí show en televisión Dinero y Mucho Más, y de mi canal de YouTube. Así como a mis seguidores en redes sociales, los cuales me dan siempre ideas muy interesantes y tanto cariño. Quedo eternamente agradecida. También quiero agradecer a la musa de mi carrera, mi madre Rosa Sandoval por haberme criado de tal manera, que me hizo una mujer fuerte y me enseñó muchos de los principios que me identifican, su historia me ha acompañado y guiado a ayudar a las demás personas y eso me ha dado la mayor satisfacción profesional. Y claro, no puedo dejar pasar este espacio sin agradecer a mis fans número 1, a mi hermosa hija Alondra y mi pequeña Kaylie, las cuales han sacrificado tanto, por tener una madre que ha dedicado su vida a servir al público, ellas son el oxígeno que me mantiene respirando y el cerebro que me mantiene soñando. ¡Hijas espero que mis enseñanzas traspasen las generaciones que ustedes procrearán, Las amo intensamente. A mis hijos varones, Anthony y André, los cuales me continúan haciendo fuerte, y a mi pequeñito nieto Zander que deseo crezca sabiendo que es amado profundamente por su Nana. Espero tener la dicha de algún día verlo ser un hombre de bien.

Y por último a cada una de las personas que me han acompañado en esta tarea de enseñanza y educación financiera. Sigo cumpliendo mi misión. A mi equipo de Agentes, gracias por su apoyo y por creer en mí de alguna manera, sin todos ustedes nunca habría hecho esto posible.

LA HISTORIA DE MI MADRE

Después de casi 30 años de trabajo en una empresa, en la cual ella se sentía privilegiada al poder trabajar ahí, y muy confiada semana tras semana ahorraba parte de sus ingresos para lo que debía ser un gran futuro felíz. ¡Ahí llega la peor pesadilla de su vida!.

Frente a sus ojos, se encuentra que todos sus planes, todos sus sueños y todas sus metas se venían abajo. Un maldito día en el año 2008, la simpática joven de Recursos Humanos le comunica que su plan de retiro se había consumido por las pérdidas de la bolsa de valores, y al balance que le quedaba de los ahorros de toda su carrera, todavía debía los impuestos. No sólo casi todo se había perdido en la recesión, sino que ahora tenía que pagarle al gobierno las tasas de impuestos que no había pagado cuando estuvo ahorrando. Su cara llena de miedo, angustia y su mente gritándole, ¿qué era lo que estaba pasando? ya que ella sin saber la información correcta y ellos sin jamás explicarle a los empleados de la empresa, que los riesgos podrían ser desastrosos, no tenía una respuesta lógica.

Y así empieza la tortura de mi madre, una mujer que ha dado todo por ser una ciudadana ejemplar, ahorrando hasta un 15% de sus ingresos (que ya eran bajos de por sí) para poder tener el futuro que ella soñaba. Y es ahí, al ver a mi madre destrozada y sin una salida, me dí a la tarea de aprender por mí misma, ¿cómo esa situación se hubiese podido evitar? Después, en una plática con una persona en el banco me dí cuenta qué sí quería aprender la verdad sobre: ¿cómo trabaja el dinero? ¿cómo se pagan impuestos? ¿cómo trabaja la bolsa de valores y como trabajan las inversiones? Que el banco o nuestros empleadores no son la solución. La única manera de aprender es asesorándote con un <u>Profesional Financiero</u>, el cual se da a la tarea de enseñar a entender y a poner en práctica las tácticas y estrategias que pueden ser diseñadas específicamente para uno.

Espero en las próximas páginas de este pequeño libro, puedas aprender cómo entender esos conceptos básicos, para que tú jamás pases por lo que pasó mi madre.

INTRODUCCIÓN AL MUNDO DEL DINERO

¿Y como empezar un tema tan complicado? Pues la mejor manera es, con una conversación casual con ustedes. ¿Qué tanto entiendes de tu dinero? ¿Que tanto necesitas saber de él mismo? y ¿En dónde vas a parar con tu dinero? Él que mi madre no haya entendido mucho de cómo se maneja el dinero en este país, fue una de las razones más grandes de su pérdida. Muchas veces la gente se intimida al hecho de obtener información o hacer preguntas, pero aquí les daré una introducción básica para su mejor entendimiento.

Lo primero es lo primero, de todos los conceptos e ideas que existen hoy en día, el más importante es el de los ingresos. Si tú eres una persona normal, la cual trabaja para recibir ingresos, ya sea trabajando para alguien mas o en tu propia empresa, sabrás que el dinero puede ser lo que más impacto tenga a través de tu vida. El dinero históricamente ha sido el que mueve positiva o negativamente nuestras vidas y nuestros estilos de vida. Si lo tienes, puedes hacer muchísimas cosas buenas con él, si no lo tienes, pueden suceder muchísimas cosas malas sin él, de igual manera, en este pequeño libro aprenderás algunos conceptos básicos, los cuales podrás llevar en tu vida cotidiana y te ayudará a entender más tu dinero, al igual que te ayudará a poner en práctica algunos de estos concejos, los cuales te ayudarán a hacer más dinero, sin la incertidumbre de no saber qué es lo que estás haciendo y sin pérdidas potenciales.

Primero te hago una pregunta, ¿Has alguna vez experimentado entrar al banco y ver un platito en el mostrador de cada ventanilla?, por lo regular paletitas, las cuales te transmiten el deseó de agarrar una y comértela. Bueno, pues el concepto detrás de eso es de qué, al estar en el banco, la persona que te atiende lo que quiere es que tú hagas tus depósitos sin hacer muchas preguntas, así es que esos caramelos o paletas que te dan son para mantenerte ocupado y entretenerte, mientras ese representante toma tu dinero y te atiende para que salgas pronto de ahí....... hmmmmm creo que ellos piensan que es mejor mantenernos callados y entretenidos con un caramelo, así no nos damos cuenta que, al entregar nuestros ahorros, ellos se quedarán con la mayor parte y tú te quedarás con tu paleta. ¿Cómo crees que se llaman esas paletas? Si, Dum Dums...... que en español significa Ignorante Ignorantes, coincidencia?

Pues como dice el libro de "*How Money Works*" escrito por mis amigos y compañeros en la industria de Servicios Financieros, el señor Tom Mathews, y el reconocido autor Steve Siebold, "Stop being a Sucker", ósea "Deja de Ser un Paletón", el cual se refiere a que dejes de comerte las paletas que te dan en el banco, porque ya es hora de que aprendas como trabaja el dinero. Especialmente,
como trabaja **tu dinero**.

Aquí tienes algunas de los temas que te recomiendo para que aprendas y tomes las riendas para tener completo conocimiento. Así lograrás el control sobre tus finanzas y tendrás un mejor futuro financiero.

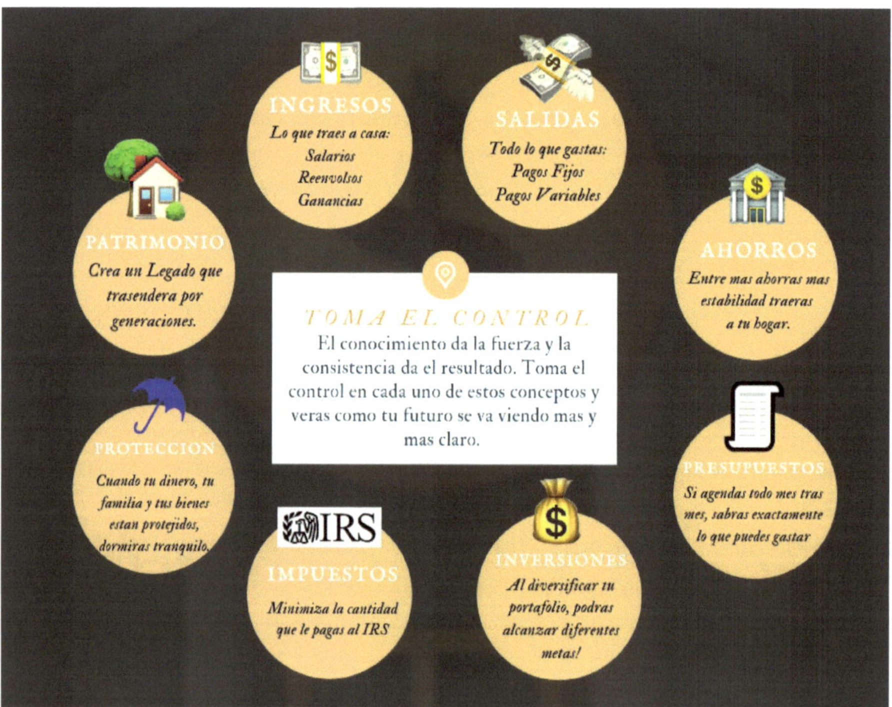

A Dónde Vamos A Parar

El no estar consciente de estas cosas, te hace no tener una estabilidad económica, lo cual va a causar problemas en el transcurso de tu existencia, lo que puedes evitar, y no te pase lo que le pasó a mi madre. Así es que prepárate......
Estás a punto de descubrir la cura del Cáncer Financiero, que existe entre nosotros hoy en día. Y no te preocupes, no todo es aburrido o complicado, te encantará tomar las riendas de tus finanzas. Te sentirás libre y con la tranquilidad de saber, que algo tan esencial como el aire que respiras lo tienes bajo control.

¡En los próximos capítulos, tendrás la oportunidad de ir practicando paso a paso lo que un grupo de Profesionales Financieros, te cobrarían bastante al hacerlo por tí! O lo que es peor, lo que podría costarte tus ahorros de toda tu vida. Así es que tómate en serio estos ejercicios y aprende mientras practicas la cura de tu propio cáncer financiero.

*"No hay peor ciego que el
que no quiere ver..."*

*"Puedes llevar un caballo al agua, pero no lo puedes obligar a beber de
ella..."*

CONCEPTOS BÁSICOS

Hay 4 conceptos básicos los cuales todos debemos entender.

1- ¿Has escuchado de la ***Regla del 72***?

Pues es una fórmula matemática creada por Albert Einstein, la cual te ayudará a saber en cuantos años tu dinero se duplicará. La fórmula es básica y trabaja ganando interés simple o compuesto. El interés simple es el que solo ganas sobre el dinero que tú tienes y el interés compuesto es el que acumula y se gana interés del interés, ósea tu dinero más el interés. Toma el interés que el banco te paga en una cuenta, vamos a usar el 1% en este ejemplo. Y vas a dividir el número 72 en ese número de ese interés, y el resultado va a ser la cantidad de años, que le va a tomar a ese dinero que tienes a duplicar o más bien multiplicarse.

ejemplo: $72 \div 1 = 72$

Entonces si tus ganancias es un bajo interés, tu dinero durara muchísimos años en duplicarse.

REGLA DEL 72

INTERES COMPUESTO CON UN AHORRO DE $10.000

TAZA DE INTERES FORMULA A los cuantos Años Se Doblara tu dinero?	1% 72 ÷ 1 = 72 Años	5% 72 ÷ 5 = 14.4 Años	10% 72 ÷ 10 = 7.2 Años
1	$10.000	$10.000	$10.000
7.2			$20,000
14.4		$20,000	$40,000
21.6			$80,000
28.8		$40,000	$160,000
36			$320,000
43.2		80,000	$640,000
50.4			$1,280,000
57.6		$160,000	$2,560,000
64.8			$5,200,000
72	$20,000	$320,000	$10,240,000

Entre mas alta la taza de interes, mas veces se duplica el dinero!

A Dónde Vamos A Parar

Y recuerda que la Regla del 72 es tanto para ver cuánto vas a ganar, como para que veas cuánto vas a perder al deber deudas con altos intereses. Así es que, al aprender este concepto, te ayudará a evitar pagar o aceptar préstamos con altas tasas de interés y evitar cuentas de ahorros con bajas tasas de interés.

Ahora practícalo tu:
Si en tu cuenta de ahorros tienes $15,000 y te ofrecen un 7% de interés compuesto, ¿cuánto dinero tendrás a los 10.2 años?

*(1) Encuentra la respuesta al final del libro

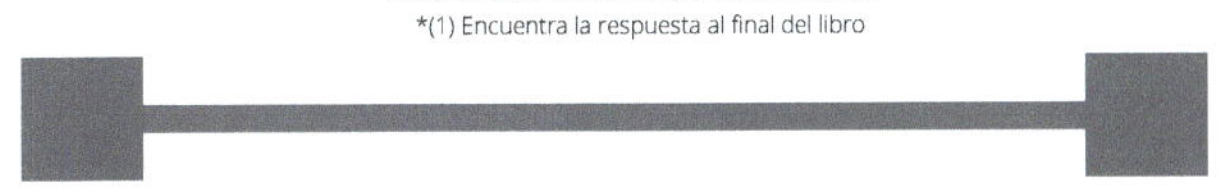

Ahora vamos a aprender **Como Crece Tu Dinero**:

Cuando haces un depósito en tu banco, o en alguna cuenta de ahorro o de inversión, el banco o esa empresa, te va a dar a ganar de una de las siguientes maneras. Es muy importante que estés bien informado que estas 3 maneras son las estrategias las cuales forman parte de todo el sistema financiero. Vamos a ver cómo funcionan y que cosas son buenas y que cosas son malas en cada una de ellas.

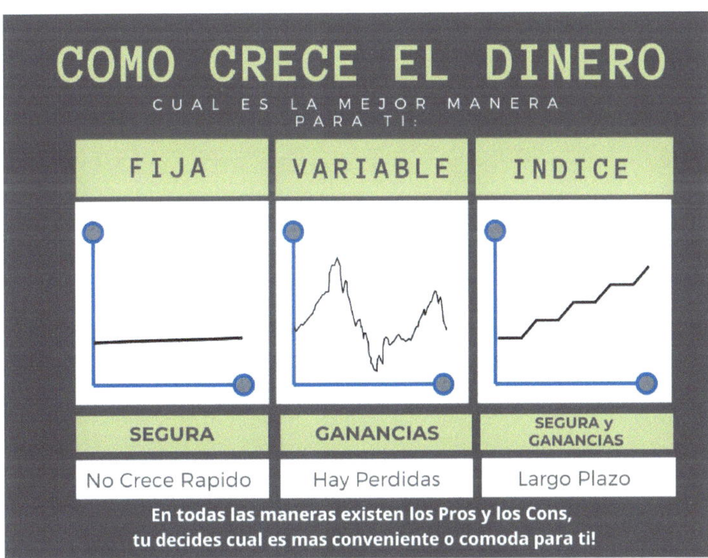

Cómo puedes ver en la gráfica anterior, no hay un método malo o un método mejor, la decisión siempre tiene que ser basada a lo que se acomode a tus metas y tus gustos. Por ejemplo, si uno de mis clientes me dice *que tiene un dinero guardado y que lo quiere poner en alguna cuenta, pero no lo necesita para vivir o pagar sus deudas. Tampoco lo va a necesitar por un buen tiempo y quiere arriesgarse para tener la oportunidad de ganar lo más posible*, entonces mi consejo será, que platique con un Representante Registrado para que ponga su dinero a trabajar en la bolsa de valores, que serían en las cuentas **Variables**.

Pero, si otro cliente me dice que *lo más importante para él, es no perder nada de su dinero, pero al mismo tiempo quiere capturar buenas ganancias y no va a tocar su dinero por un buen tiempo*, entonces mi indicación sería, ver una cuenta con un método **índice**, así protege su dinero cuando la bolsa de valores baje, pero recibe las ganancias cuando la bolsa de valores suba.

Cada vez que tengas que decidir dónde ahorrar tu dinero, pregúntate cuáles son tus propias metas.
Divídelo en 3 metas:

CORTO PLAZO- emergencias, sorpresas, seguridad, liquidez

MEDIO PLAZO- compras de carro, casa, viajes, remodelaciones, cirugías plásticas, fiestas (quinceañeras, bodas, etc)

LARGO PLAZO- Retiro, Medico, Educativo, Herencias

No te bases en lo que tu vecino hizo, o lo que tu comadre te aconsejó por que a ella le funcionó, o mucho menos lo que tu empleador te dice que hagas, ya que ellos están viendo

A Dónde Vamos A Parar

por sus intereses y no los tuyos. ¡Comparte esta información y tus metas con tu Experto Financiero para que te asegures que tus cuentas están trabajando para tí!

Por último hay que saber cómo y qué te cobran después de abrir una cuenta de retiro como un 401K o un IRA o cualquiera de los planes que te ofrecen para tu Pensión. Si ese dinero lo retiras

~Antes de que cumplas 59 1/2 años pagarás -
Impuestos más Penalidades por retirarlo antes de tiempo.

~Si el dinero lo retiras después de los 59 1/2 ese dinero ya está libremente disponible para ti SIN penalidades, pero no se te olvide que todavía debes los impuestos al menos que sea de una cuenta Roth y,

~Finalmente si el dinero no lo necesitas y lo dejas ahí y cumples 72 1/2 años (en el año 2020) serás penalizado con la máxima pena por no retirarlo a tiempo, aparte de todavía deber los impuestos.

ANTES DE LOS 59 1/2	ENTRE LOS 59 1/2 Y 72	DESPUES DE LOS 72
Pagas Impuestos Penalidades	**Pagas** Impuestos	**Pagas** Impuestos Penalidades

¡Así es que cualquiera que sea tu edad o tu situación, siempre debes de estar consciente de estos conceptos básicos los cuales te servirán para hacer mejores decisiones financieras sobre tu presente y tu futuro!

COMO PAGAS IMPUESTOS

EN QUE TIPO DE CUENTA TIENES TU DINERO

HOY	DESPUES	NUNCA
~Cheques ~Ahorros ~CD ~Acciones ~Bonos	~401K ~IRA ~403B ~TSP ~TSA ~529 ~Anualidad ~Pension	~Roth IRA ~7702 ~Seguro De Vida con Ahorro
Cada Año	**Al Usarlo/Retirarlo**	**Protegido**
Basado a ingresos	Basado a Ingresos	No Pagas Impuestos

Si proteges tu dinero hoy, La mayoria de tus ahorros y ganancias se quedan para ti y tu familia!

Cómo puedes ver dependiendo qué tipo de cuenta tienes, es cómo vas a pagar impuestos. Pero lo más importante es como pierdes más de tu dinero al no saber que, entre más esperes a pagar tus impuestos, más te va a costar. Si tus cuentas están en la categoría del medio, entonces el gobierno es el que va a quedarse con bastante de tu dinero. Un ejemplo, si tu depositas $1000 en una de esas cuentas, el ahorro que vas a tener depende de lo que estés pagando de impuestos en ese tiempo. Por ejemplo:

Tu Taza de Impuestos- 25%
Ahorras - $250 ese año de impuestos
PERO
Si pagas esos $250 hoy y dejas crecer tu dinero por 20-30 años,
al retirarlo Pagas $0 de impuestos
Y si no pagaste impuestos entonces pagarás el 25% de lo acumulado
ejemplo, si tus $1,000 creció a $100,000
Hoy te ahorras $250 pero, después pagarás $25,000
Tendras una pérdida significante por haberte esperado.

A Dónde Vamos A Parar

Un buen portafolio económico y diversificado, es aquel que tiene un equilibrio entre, cuentas con impuestos para beneficiarse hoy y se balancean con cuentas sin impuestos para beneficiarse después.

Consulta con tu asesor Financiero de confianza, para que te ayude a armar un plan completo. Si todavía no tienes uno manda un correo electrónico a <u>expertagent619@gmail.com</u> y te ayudáremos a ponerte en contacto con uno gratuitamente.

Estos son los conceptos básicos que toda persona tiene que saber. El hecho que no lo sepas causará muchos dolores de cabeza, al igual que pérdidas desde pequeñas a masivas en tu economía. Si tú le preguntas a mi madre que hubiese cambiado en su vida de trabajo, ella te diría que el aprender más sobre cómo trabaja el dinero y cómo funcionan las leyes financieras, hubiese podido darle un mejor futuro.

No dejes que eso te pase a ti. Los bancos quieren que no te enteres para que sigas dándole a ganar dinero. Tu empleador se beneficia al tenerte en sus planes de retiro, o que tu escojas los planes alternativos que ellos te ofrecen, la mejor manera es consultar con un Profesional. Hay muchas empresas que no cobran por una asesoría y en realidad están ahí para darte la educación necesaria. Libros como este, o como How Money Works, Stop being a Sucker, o como Tax Free Retirement son tan importantes como el salir a trabajar para traer el sustento a tu hogar.

¡Mi agencia Expert Agents LLC, puede ayudarte a planificar sin ningún costo para tí! Llama al 619-320-4141 o Gratis al 844-397-8465 para más información.

CÓMO PROTEGERLO

Hay varias maneras de cómo proteger tu dinero. Ahora que ya aprendiste como se multiplica, como crece y como pagas impuestos déjame mostrarte algunas ideas de cómo puedes proteger tu dinero y tu patrimonio.

Muchas personas te dirán que la mejor manera de protegerlo es guardándolo y aunque eso tiene mucha razón, el dinero no invertido y trabajado es dinero perdido porque guardado no crece y solo se desvalora. Así es que vamos a ver, qué tipo de métodos existen hoy en día que puedes utilizar para guardar y proteger tu propio dinero.

En primera prioridad viene el cómo puedes proteger tu dinero de pérdidas. Bueno pues, la mejor manera es, ponerlo en las cuentas que te ofrecen garantías. Cuentas Fijas o Índices, esas cuentas no permiten que tu dinero se pierda. Por ejemplo, una de mis cuentas preferidas a largo plazo es la cuenta índice, ya que está protegida por el piso (garantía) que las compañías te ofrecen. Tampoco cobran una cantidad por costos de manejo de inversión.

La otra manera de protegerlo es ahorrando tu dinero en una cuenta que está protegida por un seguro de vida, te explico cómo trabaja:

Cuando compras un seguro de vida con lo que comúnmente le dicen "Cash Value" ósea Valor Efectivo, eventualmente tu cuenta se podría pagar sola. Si, me escuchaste bien, tu seguro de vida se paga solo. Claro que al principio no, eso toma tiempo, el costo del seguro de vida lo pagas tú y lo que depositas por encima de ese costo se va directamente al lado del ahorro.

Si usas esa cuenta inteligentemente, maximizarás lo que le puedes depositar a la parte del ahorro para que así crezca más rápido tu "Cash Value" y tu dinero seguirá protegido por la ley de impuestos del gobierno llamada IRC7702.

Si llegas a retirar tus ahorros a una determinada edad para disfrutarlo, esos ahorros los puedes recibir sin pagar impuestos.

A Dónde Vamos A Parar

Esto pasa por la protección que les da el estar en una cuenta con seguro de vida. Y lo bueno también es que, si te llegase a pasar algo y falleces, tu familia protege ese dinero al no ser controlado por el estado y no tener que pagar doble impuesto, al ellos ser los beneficiarios.

Igual si ese tipo de cuenta no es tu preferencia, o no puedes ser aceptado, ó no calificas para un seguro por tu estado de salud, o alguna otra cosa, entonces la mejor manera de proteger tu dinero es en una cuenta Fija, la cual nunca te hará perder lo que depositaste, o una Anualidad índice para protegerlo de pérdidas.

Ojo, las cuentas de ahorro de seguros de vida hoy en día son muy diferentes a las que existían hace 10, 20 y 30 años. ¡Al igual que un automóvil, lo que hacía un Honda 1989 no es lo mismo que hace y trae un Honda 2020! Así es que te recomiendo que cualquiera que sea tu opinión o conocimiento sobre esas cuentas, considera hablar con un agente de seguros de vida que ofrezca toda clase de seguros, no solo los de término, esos no te dan opción a ahorrar ni de proteger tus ahorros.

Tu dinero también puede ser protegido a nunca perderse o usarse. ¿Si tu casa se llega a incendiar, quien pagaría los daños? ¿Tú o la aseguranza? ¿Si tu carro te lo llegaran a robar? ¿Quién pagaría su remplazo? ¿Tu o tu aseguranza? Igual tu dinero, ¿Si llegases a necesitar pagar una enfermedad crónica o terminal?, ¿o una casa de cuidados prolongados o una enfermera que te cuide en casa? ¿qué prefieres, pagarlo tú? o ¿que lo pague la aseguranza? Piénsalo, el mito que los seguros de vidas solo son para dejar dinero a la familia cuando falleces ya no existe, hoy por hoy los seguros de vida son para protección a tu dinero, de tu salud, ¡de tus bienes y de tu familia!

CÓMO DUPLICARLO

Este es el más divertido para las personas que saben de inversiones, bolsas de valores, pero puede ser el secreto mejor guardado para muchos incluso puede evitar pérdidas muy grandes al no saber cómo duplicarlo. Para mi pobre madre lo fue, ella solo sabia trabajar y ahorrar, trabajar y ahorrar y más trabajar y ahorrar, pero ni idea de cómo duplicar lo que estaba ahorrando. Se creyó el cuento que, si ahorraba en su 401K, seria libre financieramente en sus años dorados. El secreto está en averiguar o asesorarse con un Profesional Financiero en el cual confías. Y la pregunta clave es, ¿Qué cuentas existen en estos momentos que te ayudan a crecer o duplicar más tu dinero? Y ya conociendo los conceptos básicos que has aprendido en este libro, podrás hacer una decisión educada y adecuada a tu gusto, metas y necesidades. Los próximos ejemplos de algunos de mis clientes te ayudarán a ver qué tan diferentes son las metas y las soluciones para cada persona y caso.

El Señor Salazar, cuando me senté con él me dijo, que *lo más importante para él era, "duplicar su dinero ya que su meta era que cuando llegara a la edad donde ya no quería trabajar, pudiera tener acceso a la cantidad más grande posible"*. Entonces mi respuesta para él fue diversificar su portafolio a dos tipos de cuentas.

1- Cuenta con protección a perdidas y el 15% de capacidad de ganancias la cual también protegía su dinero de impuestos.

2- Inversión en la bolsa de valores con potencial de muy buenas ganancias, pero sin sacrificar en las perdidas todo su dinero.

De esta manera parte de su dinero le está dando la tranquilidad, que siempre va a estar ahí y con muy buen potencial de crecimiento, y la otra, aunque podría perder si la bolsa de valores pierde, también le puede dar a ganar muy buenas ganancias si se invierte en acciones sólidas y con dividendos.

A Dónde Vamos A Parar

El señor Martínez, tenía otros objetivos. *"Él quería acumular un muy buen Patrimonio para sus hijos, ya que él ganaba muy buenos ingresos en su carrera".* *Él lo que quería era disfrutar su dinero mientras viviera, pero sin dejar desamparados a sus hijos y sus futuros nietos, si llegase a faltar.* Entonces a él se le recomendó abrir una cuenta de ahorros con un seguro de vida substancial, para que los ahorros los disfrutara él en vida, y el seguro de vida se lo heredara a sus hijos y sus futuros nietos.

La señorita González tenía otras inquietudes, a sus 24 años ella acababa de recibirse de enfermera y sabía que *solo quería trabajar 25 años para luego poderse ir a disfrutar su vida viajando y tener todo el tiempo que pudiera con su futura familia.* Era joven, trabajadora y disciplinada, sabíamos que el tiempo era nuestro aliado. Entonces a ella se le recomendó ahorrar un porcentaje del 25% de sus ingresos por los próximos 25 años, De esta manera le acortábamos 10 a 15 años de trabajo, porque la cantidad de ahorro seria más que lo normal que la gente hoy en día suele ahorrar. A ella se le enseñó como utilizar las cuentas con protección de impuestos para que en el futuro viviera libremente sin tener que pagar la mayor parte de su dinero al IRS.

Como ven los tres casos, aunque muy similares en la propuesta tienen muy diferentes metas. Es muy importante que la decisión de cómo ahorrar y en dónde ahorrar se base a tu vida, tus deseos, tus posibilidades y tus metas. Los bancos se pelean por que tu deposites tu dinero con ellos, así es que tú no tienes que adaptarte a ellos, ellos tienen que ofrecer cuentas que se adapten a ti.

Por varios años vengo enseñando a la gente una de mis estrategias más exitosas llamada, 10/10/10
La cual enseña a cómo empezar a ser disciplinado en tu dinero. Claro siempre es más fácil decirlo que hacerlo, pero como todo en la vida, si quieres algo tienes que estar dispuesto a trabajar en ello. Como el bebé que empieza a gatear, para después caminar y después correr, así mismo nosotros los adultos. Para poder alcanzar la independencia financiera, se requiere gatear primero. Para eso se necesita crear el músculo más difícil de formar, que es el del ahorro. Pero, la técnica del 10/10/10 te puede ayudar a lograrlo.

A Dónde Vamos A Parar

CÓMO DISFRUTARLO

¿Y a quien no le gusta disfrutar su dinero?, creo que eso nadie te contestaría qué no le gusta. Pero cuidado, es aquí donde viene la ruina a largo plazo si no lo sabes hacer de la mejor manera. Las personas disciplinadas saben cómo disfrutar su dinero y sin ningún remordimiento porque lo toman como el pago o la recompensa por su disciplina y sus esfuerzos. Así es que en este capítulo verás como disfrutar el dinero sin sentirte culpable o quedar en la ruina.

Primero te voy a contar uno de los temas más controversial que existen. Cuando las personas que vienen de una cultura gastadora siempre pensarán que el dinero se hizo para disfrutar, que trabajas para gastarte el dinero o que solo se vive una vez, esa mentalidad es un cáncer financiero comprobado el cual ha llevado a personas, incluso a familias a destruirse. y con este ejemplo no digo que no gastes o disfrutes, no claro que no sugiero eso, a todos nos gusta disfrutar el dinero, pero lo que debes de pensar es: ¿a cambio de qué vas a disfrutar con ese dinero?

En uno de los miles de libros de finanzas te enseñan como presupuestar hasta el dinero que disfrutas, siendo esta la mejor manera. Lo que quiere decir esto es que, si tú te acostumbras a guardar un porcentaje de lo que ganas a la cuenta de diversión, entonces nunca te sentirás culpable si te lo gastas todo. Es aquí donde la estrategia del 10/10/10 te podría ser muy útil.

Ejemplo: Ganas $3,000 al mes. Guardas 10% para tu cuenta de disfrute entonces al mes tienes $300 para hacer de él lo que gustes. Puedes ir a un parque de diversiones, hacer una reunión con los amigos, comprarte ese bolso o cartera que tanto has deseado, mandarle algún regalo inesperado a alguien especial, lo que quieras. Pero, si no lo gastas, éntonces el próximo mes se te doblaría y tendrías más presupuesto para tus gustos. Sin sentirte culpable que derrochaste ese dinero. Esa es tu recompensa por ser disciplinado.
La clave aquí, está que todos tus ingresos y gastos los tengas bajo

A Dónde Vamos A Parar

control. Mucha gente tiene más gastos que ingresos, o como decimos nosotros, más salidas que entradas y ahí está el problema. Si este es tu caso entonces necesitas planificar y replantear tu manera de vida y de gastos. O trabajar con un Asesor Profesional para que te ayude a poner eso en orden. La tranquilidad de tener una cuenta de diversiones es lo mejor que te puede pasar a cualquier edad de tu vida. En tu caso entonces necesitas planificar y recrear tu manera de presupuestar tu dinero. Esa es la base o el primer paso. Creo que al tener este tipo de control no necesitarás consejos de cómo disfrutar el dinero. Eso te vendría naturalmente. Mi consejo es que inicies con la estrategia del 10/10/10.

Por cada $100 dólares de ingresos que tengas en el mes, guardas $10 en una cuenta de corto plazo, guardas otros $10 para cuentas de diversión o metas a medio plazo y guardas otros $10 en tus cuentas para tu futuro, Te restarían $70 los cuales es el presupuesto que te queda para vivir. De ese 70% podrás presupuestar tus gastos mensuales. La vivienda, carros, aseguranzas, el mandado y todos los gastos que tengas. Si ese 70% no te alcanza para vivir entonces quiere decir que estas viviendo más arriba de tu presupuesto. En este caso necesitas ganar más dinero o bajar gastos o estilo de vida, sin sacrificar tus ahorros que es la única manera de tener una estabilidad económica. No puedes continuar gastando más que lo que traes a casa de ingresos.En el siguiente ejemplo te muestro como esta familia se divierte y gasta dinero sin remordimiento alguno:

Esposo Gana	Esposa Gana	TOTAL INGRESOS
$3,500	$1,800	$5,300 al mes
10% AHORRO CORTO PLAZO	10% AHORRO MEDIO PLAZO	10% AHORRO LARGO PLAZO
$530	$530	$530
Ahorros Para: ~Emergencias ~Liquidez ~Remplazo de Salario	Ahorros Para: ~Metas ~Gustos ~Compras Grandes	Ahorros Para: ~Retiros ~Inversiones ~Futuro

Si te aseguras de ahorrar el 30% en diferentes tipos de cuentas y para diferentes metas, el balance del 70% seria tu Presupuesto mensual. $3,710 para pagar tu casa y todas tus facturas y gastos mensuales.

CÓMO HEREDARLO

Y así como hay las personas que solo quieren disfrutarlo en vida, están las personas que trabajan duro para dejar un legado tras generaciones.

Si tu interés es dejar un buen patrimonio o herencia a tu familia, aquí te enseñaré como lo puedes lograr y tengas todas las opciones muy claras. Dependiendo en los tipos de bienes que hallas acumulado en el transcurso de tu vida, serán las opciones para poderlo heredar correctamente. La palabra más importante que debes tener en mente es "Probate" que en español es "Intestado" y significa el "proceso legal" que sucede cuando una persona muere sin dejar testamento o haber asignado sus bienes en herencia. En ese proceso judicial la corte o el estado toma en parte la decisión de entregar la herencia a las personas que comprueben el vínculo con la persona que ha muerto. Estos procesos pueden tardar años, mientras la familia no puede vender los bienes y podría perder bastante de la herencia al estado dónde están esos bienes.

Por estas razones es que el hacer un testamento, un fideicomiso y una asignación de bienes en vida, es muy importante cuando hay suficientes bienes de por medio. Así es que, si tú no tienes absolutamente nada que dejar, entonces no te preocupes en absolutamente nada. Pero si tú tienes como mínimo una cuenta de banco sustantiva, una casa propia, un plan de retiro, o cualquier tipo de inversión equitativa, entonces puedes prevenir que tu familia lo pierda todo si lo heredas correctamente.

Primero que nada, has una asesoría de que tienes? al saber eso entonces podrás guiarte en el proceso para protegerlo.

EL señor DeAngelo el cual ayudé hace ya algunos años, dejo un "trust" que significa un fideicomiso para prevenir que su hija con una discapacidad visual, pase por un dolor de cabeza en las cortes, si el llegase a fallecer. De la manera que el hizo esto, puso sus bienes en el

A Dónde Vamos A Parar

documento del fideicomiso con los detalles de cómo quería que fuesen distribuidos a la hora de su muerte.

La Señora Fonseca creo un testamento nombrando a un fideicomiso para manejar sus bienes si llegase a fallecer, quería evitar que el estado se quede con cualquiera de sus bienes, lo de ella fue un poco más complicado, porque tenía bienes en su país de origen y hubo que preparar un fideicomiso internacional al igual que uno de aqui en Estados Unidos.

Y el Señor y la Señora Zamano protegieron a su familia comprando un par de pólizas de seguro de vida para que sus hijos pudieran pagar todos sus bienes, como casa, carros y deudas y puedan vivir libres de deudas y en la misma casa que ellos ya están acostumbrados. También este mismo seguro les daria protección, si ellos se llegaran a enfermar y podrian cobrar parte de ese seguro para cubrir gastos medicos que su seguro medico no cubre.

De esta misma manera, si no tienes mucho o nada que dejarle a tu familia, hay una manera de inmediatamente dejar una fortuna a tus seres queridos como herencia, sin tener que ser una persona rica en estos momentos. El secreto está en los seguros de vida. Hay seguros que se pueden heredar por tan solo $50 dólares al mes.
<u>Obtén una cotización gratis.</u>

De cualquier manera que te prepares, te sentirás tranquilo, que en vida hiciste lo correcto y tu familia se debe sentir orgullosa de eso.

No dejes problemas de deudas, hay muchas personas que por vivir su vida sin interés por los demás, pasan problemas generaciones después. Así es que mi consejo siempre es, que lo más pronto posible te sientes con un Profesional para una consulta gratuita, que podría salvar tus bienes y permitirte vivir sin preocupaciones.

Como dice un dicho muy conocido,
"Mas Vale Prevenir, Que Lamentar........"

Así concluimos este pequeño libro. Y continúo creyendo que, si mi madre hubiera sabido toda esta información, o hubiera tenido un Asesor Financiero personal que le diera estos consejos, o guiara en cómo hacerlo, jamás ella ni muchísimas personas de nuestra sociedad pasarían por la mitad de los problemas económicos que se sufren hoy en día.

Hoy por hoy, y ya a diez años de su jubilación, ella se tuvo que adaptar a su nueva situación económica, en lugar de estar disfrutando sus años dorados como todas las personas deberían de hacerlo.

A ti, que estás leyendo este libro te digo, "la información da la fuerza". Si tu aplicas alguno de estos consejos, te aseguro que tu futuro económico será mejor gracias a esta información.

Si deseas seguir aprendiendo un poco más, o más personalizado, no dudes en comunicarte conmigo y solicitar una cita gratuita. Al final del día, mi misión es tener un impacto positivo en tus finanzas. No es justo que solo las personas ricas tengan ayuda en como quedarse con más de su dinero. Espero escuchar en un futuro, como esto te ha ayudado a ti también. Hasta la próxima...

Manda tus comentarios sobre este libro a expertagent619@gmail.com y recibe una guía de presupuestos gratis.

*(1) $30,000 USD

A Dónde Vamos A Parar

NOTAS Y APUNTES

NOTAS Y APUNTES

9 798869 526243